El uso responsable y seguro de internet

Borba, Domingo
El uso responsable y seguro de internet : hacia la conformación de la ciudadanía digital / Domingo Borba ; Mariano Ávalos. - 2a ed. - Ciudad Autónoma de Buenos Aires : SB, 2023.
88 p. ; 20 x 14 cm. - (Educación y tecnología / Mariano Ávalos)
ISBN 978-987-8918-75-4
1. Educación. 2. Internet. 3. Nuevas Tecnologías. I. Ávalos, Mariano. II. Título.
CDD 371.3344678

Piedras 113, 4º 8 - C1070AAC - Ciudad Autónoma de Buenos Aires - Argentina
Tel.: (+54) (11) 2153-0851 - www.editorialsb.com • ventas@editorialsb.com.ar

Febero de 2023

ISBN: 978-987-8918-75-4

Diseño de interior: Cecilia Ricci (riccicecilia2004@gmail.com)
Director de colección: Mariano Avalos (marianoavalos05@yahoo.com.ar)

Queda hecho el depósito que marca la Ley 11.723

Domingo Borba / Mariano Avalos

El uso responsable y seguro de internet

Aportes para la conformación de la ciudadanía digital

sb

Madrid - Santiago - Montevideo - Asunción - Lima - Bogotá - Buenos Aires - México

ÍNDICE

PRÓLOGO

Es un orgullo para mi presentar esta producción que podemos considerar rioplatense, ya que uno de los autores es argentino y el otro uruguayo. En lenguaje sencillo y claro, Mariano Avalos y Domingo Borba despliegan en este libro no solamente lo que anuncia su título, sino una pedagogía y una ética en relación con las tecnologías digitales, que no es común en textos que se proponen brindar conocimientos y definiciones útiles para la vida cotidiana.

En el marco de "conformar una ciudadanía digital", este es un libro sobre Internet que incorpora los derechos de los "olvidados y desposeídos" y la importancia de la ESI, porque apunta a la democratización de conocimientos necesarios para una vida mejor.

No se fundamenta en una concepción meramente instrumental de las tecnologías digitales, ni tampoco en el optimismo tecnológico, sino en una comprensión integral de su papel en la sociedad y de la responsabilidad que como educadores y como adultos nos compete para cuidarnos y cuidar a los/las más jóvenes. Revaloriza el papel de los/las educadores/as y rechaza la mercantilización de la vida a través del consumo indiscriminado de dispositivos y mensajes.

En función de cada contexto particular, abogan por una "pedagogía de la presencia", y no de la vigilancia. Presencia que significa la tarea complementaria de docentes, familia y estudiantes compartiendo saberes sobre usos, riesgos, la conciencia sobre la "huella digital", y la prevención de situaciones negativas o violentas en o fuera de la red.

Los autores tienen una vasta experiencia en el campo, y me auguro que este libro y futuras obras contribuyan a ampliar la visión idílica y simplista imperante sobre las TIC, y a profundizar en todas las implicaciones que atraviesan nuestra cotidianeidad como si fuera un fenómeno "natural".

Mónica Pini

Doctora en Educación, especializada en políticas educativas en relación con las transformaciones culturales, sociales y tecnológicas recientes. Creó y dirige la Maestría en Educación, Lenguajes y Medios y el Centro de Estudios Interdisciplinarios en Educación, Cultura y Sociedad (CEIECS), Escuela de Humanidades, UNSAM.

INTRODUCCIÓN

La sociedad está transitando un periodo intenso de transformaciones profundas a nivel social, donde las tecnologías e internet influyen en todas las facetas de nuestra vida, generando situaciones que eran impensadas hace unos años atrás. Esto nos plantea el desafío de "formar" y preparar a las nuevas generaciones de estudiantes, para que sean ciudadanos críticos de los diversos consumos tecnológicos, y que además puedan generar contenidos significativos, y no solo consumir contenidos generados por otros usuarios de manera pasiva. Otro tópico fundamental es concientizar en relación a la conformación de la identidad digital y de la huella que vamos dejando en nuestras "navegaciones" virtuales, no para inhibirnos, pero si para dimensionar, que todos nuestros "movimientos" quedan registrados.

En estas interacciones cotidianas surgen diversas situaciones muy interesantes y que permiten profundizar vínculos y otras situaciones que nos exponen y violentan nuestra privacidad, muchas veces sin consultarnos.

Esperamos aportar, por lo menos de manera introductoria, en la toma de conciencia sobre estas cuestiones centrales para la conformación de una ciudadanía digital responsable en el siglo XXI.

CAPÍTULO 1

Como red de redes

En la sociedad actual las tecnologías de la información y la comunicación se constituyen en la base material sobre las que se organiza la inmensa mayoría de los procesos económicos, sociales y culturales, produciendo un fuerte impacto en todos los ámbitos en los que nos desenvolvemos. La revolución digital ha sido posible a partir de la convergencia de la digitalización, la informática y las telecomunicaciones, y especialmente del desarrollo de Internet y sus aplicaciones.

Desde la génesis de Internet, cuando se planificó y empezó a implementar el proyecto arpanet, y se intentaba concretar el sueño de "comunicar" dos computadoras que no estuvieran "físicamente cercanas", mucha agua corrió bajo el puente del conocimiento. En la actualidad muchos términos y definiciones son naturales y están incorporados en nuestro vocabulario cotidiano: buscadores, chat, navegar, etc.

Podríamos decir que internet es un conjunto de redes no centralizado, que están interconectadas a escala mundial, donde a través de una serie de protocolos de comunicación garantizan su alcance en todo el mundo. Estas comunicaciones son posibles porque las computadoras están unidas por medio de conexiones telefónicas, por cable, por fibra óptica o satélites. Las redes que forman

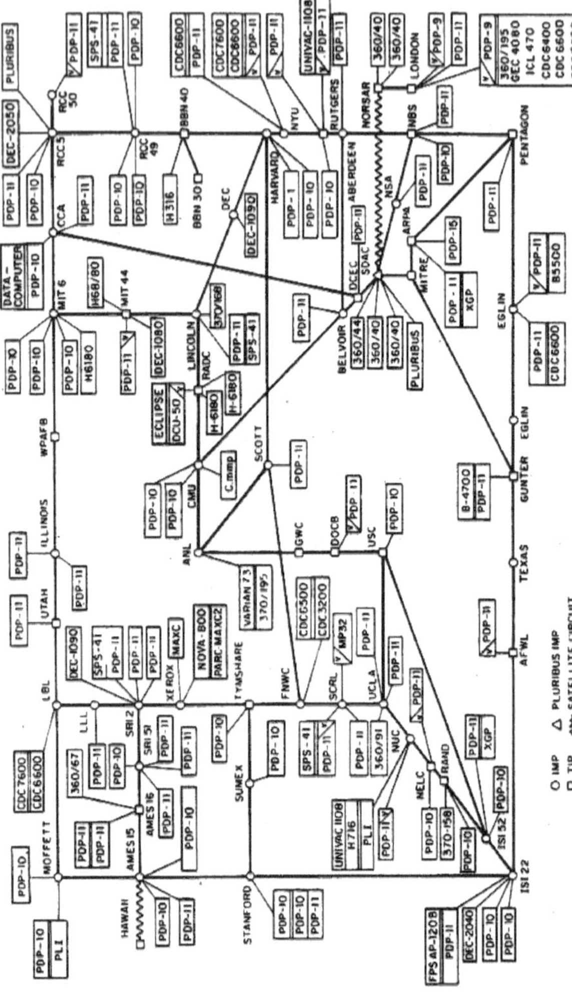
ARPANET LOGICAL MAP, MARCH 1977
O IMP
□ TIP
△ PLURIBUS IMP
SATELLITE CIRCUIT
(PLEASE NOTE THAT WHILE THIS MAP SHOWS THE HOST POPULATION OF THE NETWORK ACCORDING TO THE BEST INFORMATION OBTAINABLE, NO CLAIM CAN BE MADE FOR ITS ACCURACY)

Arpanet

parte de internet son de diversa índole, objetivo y tamaño. Existen redes públicas y privadas, locales, regionales e internacionales; institucionales, dedicadas a la investigación, etc.

La utilización e interacción de redes digitales y analógicas se ha convertido en "algo natural" para casi cualquier actividad humana. El avance de las diversas redes y de los últimos desarrollos en tecnología 3G, 4G y 5G, así como el uso de almacenamiento de la llamada "cloud computing" (nube computacional), marcan una tendencia económica y de negocios, así como de otras actividades cotidianas, recreativas, lúdicas y de ocio. En este sentido, en el presente y en un futuro no muy lejano se rediseñarán los vínculos y relaciones con este nuevo formato de comunicación y con medios y formatos desconocidos hasta no hace mucho tiempo.

De este nuevo contexto se desprenden algunos conceptos que se utilizan cotidianamente y es importante empezar a considerar:

- **Hipermedia:** Es el término con que se designa al conjunto de métodos o procedimientos para escribir, diseñar o componer contenidos que tengan texto, video, audio, mapas u otros medios, y que además tengan la posibilidad de interactuar con los usuarios.
- **Hipertexto:** En ámbitos de tecnología, es el nombre que recibe el texto que en la pantalla de un dispositivo digital conduce a otro texto relacionado. La forma más habitual de hipertexto en documentos es la de hipervínculos o referencias cruzadas automáticas que van hacia otros documentos. Si el usuario selecciona un hipervínculo, el programa muestra el documento enlazado. Es importante mencionar que el hi-

pertexto no está limitado a datos textuales, podemos encontrar dibujos del elemento especificado, sonido o vídeo referido al tema. El programa que se usa para leer los documentos de hipertexto se llama Navegador. El hipertexto es una de las formas de la hipermedia, enfocada en diseñar, escribir y redactar texto.

- **Hipervínculo:** La mayoría de las páginas Web están vinculadas o "enlazadas" a otras páginas dentro del mismo sitio Web o hacia otros sitios Web. Como sinónimos de este término podríamos utilizar link, enlace o hiperenlace.

Origen y evolución de la estructura de Internet

Internet es un conjunto descentralizado de redes de comunicación interconectadas a nivel mundial compuesta por millones de computadoras capaces de compartir entre sí, mediante una serie de protocolos TCP/IP, toda clase de datos que puedan transmitirse por medios digitales, garantizando que las redes físicas heterogéneas que la componen funcionen como una red lógica única. Sus orígenes se remontan a 1969, cuando se estableció la primera conexión de computadoras, conocida como ARPANET, entre tres universidades en California y una en Utah, Estados Unidos.

La WWW (World Wide Web) o "Red de Amplitud Mundial", es un sistema de documentos de hipertexto o hipermedios enlazados y accesibles a través de Internet. Con un navegador Web (por ejemplo Firefox o Internet Explorer), un usuario puede visualizar sitios Web compuestos de páginas Web que pueden contener texto, imágenes, videos u otros contenidos multimedia, y navegar a través de ellas usando hiperenlaces.

La Web fue creada alrededor de 1989 por el inglés Tim Berners-Lee y el belga Robert Cailliau mientras trabajaban en el CERN en Ginebra, Suiza, y publicada en 1992.

Tim Berners Lee

Uno de los servicios que más éxito ha tenido en Internet ha sido la World Wide Web (WWW), hasta tal punto que es habitual la confusión entre ambos términos. La WWW es un conjunto de protocolos que permite, de forma sencilla, la consulta remota de archivos de hipertexto. Fue un desarrollo posterior (1990) y utiliza Internet como medio de transmisión.

Existen, por tanto, muchos otros servicios y protocolos

en Internet, aparte de la Web: el envío de correo electrónico (SMTP), la transmisión de archivos (FTP y P2P), la mensajería instantánea y presencial, la transmisión de contenido y comunicación multimedia, los juegos en línea, etc.

Pero fundamentalmente se produce un cambio en los últimos años debido a la necesidad de poder empezar a publicar en Internet videos, y trabajar con diversas herramientas de video streaming, que permiten trabajar con señales audiovisuales en tiempo real.

El nuevo ecosistema digital

En el marco del nuevo ecosistema digital que vivimos, el alcance de los medios de comunicación masivos y de las redes sociales digitales es muy importante e influyen en algunos componentes de la vida social y cultural, creando las condiciones para modificar actitudes, conductas o ambas. Para ello se utilizan diversas estrategias de influencia social y de micromarketing empresarial y de gestión.

Otra de las características de un proceso de comunicación digital es su distribución social, que permite compartir la experiencia entre "amigos", y en el marco de una cultura altamente confiable para los miembros que forman dichas comunidades digitales, lo que le da mayor credibilidad. La estrategia de muchas aplicaciones de la Web 2.0 es darles a los usuarios un perfil único que articule las múltiples identidades 2.0 y sea útil para todas las aplicaciones y propuestas de la web.

Por ello decimos que vivimos en una cultura de la convergencia, donde la transformación más significativa de este proceso es el paso del consumo mediático individualizado y personalizado al consumo como una práctica en red, donde se entrecruzan medios populares con los corporativos, y es allí donde productores y consumidores mediáticos ponen en juego renovadas estrategias de poder que interaccionan de manera impredecible.

El concepto de Web 2.0 enfatiza en la creación de contenidos sobre el consumo de los mismos. La Web 2.0 está estructurada en torno a interfaces abiertas de programación que permiten una participación masiva, sencilla y amigable. El servicio se hace cada vez mejor mientras más personas lo usen; y el aumento de la contribución de los usuarios hace crecer entonces el concepto de "inteligencia colectiva". En algunos casos el conocimiento aficionado supera al conocimiento profesional cuando se brindan las herramientas y la metodología adecuadas, tal es el caso de Wikipedia.

En el recorrido al "Saas" (Software as a service), es claro un fuerte momento del concepto "Web 2.0".

Desarrollar para Web 2.0 implica pensar en cómo utilizar los distintos recursos disponibles de la forma más efectiva y práctica.

Las herramientas de la Web 2.0 ofrecen nuevas posibilidades para la creación y divulgación del conocimiento. En este sentido, Berners-Lee señala: "Deberíamos ser capaces no solo de encontrar cualquier tipo de documento en la Web, sino también de crear cualquier clase de documento fácilmente. Deberíamos no solo poder interactuar con otras personas, sino crear con otras personas. La intercreatividad es el proceso de hacer cosas o resolver problemas juntos".

Aplicaciones de la Web 2.0

Medios de comunicación 2.0.

El término Web 2.0 nació a mediados del año 2004 y se desarrolló como fenómeno tecno-social que se popularizó a partir de sus aplicaciones más representativas: Wikipedia, YouTube, Flickr, etc.

Según O´Reilly, principal promotor de la noción de Web 2.0, los principios constitutivos de esta son siete:

1. La World Wide Web como plataforma de trabajo: Las herramientas de la Web 2.0 utilizan su servidor para guardar la información, en donde el usuario que se conecta a Internet puede tener acceso a la misma. Además ofrecen el software de manera gratuita, utilizando también a la Web como plataforma. Hasta no hace mucho tiempo, la industria del software se basaba en paquetes cerrados con derechos propietarios y versiones con tiempo definido y licencias para su uso. A partir del surgimiento de la Web 2.0, las aplicaciones y todos los contenidos se "alojan" en la Web y no en la computadora de los usuarios.

2. El fortalecimiento de la inteligencia colectiva: al contar con aplicaciones Web que poseen una interfaz de usuario de acceso gratuito y simple, contribuye sin duda a la creación y producción de contenidos.
3. La gestión de las bases de datos como competencia básica: la competencia básica es obtener un volumen importante de usuarios que produzcan una cantidad significativa de datos. Según Weinberger se trataría de un orden misceláneo con una clasificación multifacética. Un "desorden armónico" que estimula diversos tipos de búsqueda a gusto del usuario.
4. El fin del ciclo de las actualizaciones de software: antiguamente existían muchas mejoras entre un prototipo de un software y la versión definitiva. La esencia de las empresas Web 2.0 se centra en convertir prototipos en versiones beta y colocarlos en línea, o sea se incorpora el concepto beta perpetua, donde las opiniones de los usuarios son muy importantes en el testeo y el uso cotidiano de las diversas aplicaciones.
5. Los modelos de programación ligera junto a la búsqueda de la simplicidad: dichos modelos están centradas en la reducción de la complejidad, tratando de evitar las especificaciones y funciones del software empaquetado.
6. El software no limitado a un solo dispositivo: las aplicaciones de la Web 2.0 no se instalan en las pcs. Aquí habrá que prestar mucha atención a la tendencia en la confluencia de dispositivos móviles con las herramientas de la Web 2.0.
7. Las experiencias enriquecedoras de los usuarios: La participación de los usuarios está facilitada a través

de las aplicaciones de la Web 2.0, ya que las mismas tienen la capacidad de acceso desde cualquier dispositivo con conexión a Internet y en cualquier momento, con mucha simplicidad y, en general, de una forma muy amigable.

Hoy en Internet conviven aplicaciones estándares con escaso dinamismo y otras de escritura colaborativa. Pero la tendencia es que se empieza a bocetar un camino hacia los principios planteados de la Web 2.0.

En este contexto y en la transición hacia la conformación de un paradigma de Escuela del siglo XXI, deberemos esbozar la Escuela 2.0 como aporte fundamental para llegar a ese objetivo. Por ello podríamos definir algunos roles del profesor que marcaran la impronta de esta etapa del siglo XXI:

- **Mediador** entre el alumno y los contenidos de aprendizaje.
- **Motivador** para acercar las materias objeto de aprendizaje al alumnado, para ayudar a que disfrute aprendiendo, estimulando su curiosidad y creatividad, para que el aprendizaje se convierta en conocimiento.
- **Facilitador** para ayudar a comprender conceptos, procedimientos, herramientas de mayor complejidad.
- **Orientador** y guía en los procesos cognitivos, en la búsqueda de solución a los problemas que se plantean, a establecer relaciones interpersonales.

Antes de enunciar las algunas de las aplicaciones de la Web 2.0, es importante destacar que el "Aprendizaje 2.0" se focaliza en dos principios primarios: Los *contenidos* son *generados por los usuarios* y dicha *producción* es además *colectiva*. Por ello se habla de una *arquitectura de la participación*.

Steven Johnson propone tres tipos de tipologías diferentes de aprendizaje:

a. **Aprender haciendo**: en este tipo de aprendizaje son significativas aquellas aplicaciones que permiten a los diferentes actores educativos (docentes y/o alumnos) el consumo y la producción de diversos contenidos en el marco del principio de ensayo y error.
b. **Aprender interactuando**: Las aplicaciones de la Web 2.o nos permiten en general la posibilidad de intercambiar ideas con el resto de los usuarios de Internet. Por ello es fundamental la comunicación entre pares, lo cual estimula muchísimo a nuestros alumnos, que son esencialmente nativos digitales.

c. **Aprender buscando**: En un espacio de gran cantidad de información disponible como es Internet, resulta esencial aprender cómo y dónde buscar contenidos específicos, con una base sólida académica y educativa.

   Lundvall agrega un cuarto tipo de aprendizaje que representa tal vez lo más importante de las herramientas de la Web 2.0 que es:

d. **Aprender compartiendo**: El proceso de intercambio fluido de conocimientos permite a los alumnos ser protagonistas de un aprendizaje colaborativo. La Web brinda una gran cantidad de aplicaciones que permite a los alumnos compartir sus producciones.

Sin duda que el mejor camino para concretar estos planteos es comenzar a andar. Por este motivo lo más recomendable es comenzar a utilizar algunas de estas aplicaciones que permitirán sin duda explotar al máximo nuestra creatividad en la generación de contenidos para nuestros estudiantes, y que logremos al mismo tiempo que ellos sean protagonistas en la creación de contenidos y se apropien de la esencia de la Educación del siglo XXI, y que le encuentren un nuevo sentido a la Escuela. Ese sin duda es el mayor desafío.

La ubicuidad: una nueva forma de comunicación

En especial durante el siglo XX, con el constante desarrollo de medios de comunicación y transporte, tanto la producción como la transmisión de conocimiento se fueron globalizando, pero se mantuvieron regidas por corporaciones de medios, ya sean comerciales, artísticas o académicas.

En este siglo XXI, Internet nos "permite estar en todas partes", a partir de las "audiencias" que ahora son enormes, inconmensurables y dispersas. Además, esas "audiencias" son altamente activas ya que cualquier usuario o persona puede crear una noticia, contenido, etc., convirtiéndolas en "virales" al instante sin moverse del lugar donde se encuentre, transmitiendo y compartiendo su mensaje.

Otro elemento para considerar es que estamos viviendo en un mundo "real", donde conviven, interactúan y existen intersecciones entre el mundo digital y el mundo físico. Tal vez para las nuevas generaciones (como por ejemplo la llamada generación millenials) esta separación sea casi "invisible", pero es interesante realizar esta reflexión, que nos puede ser útil para comprender algunos fenómenos actuales que percibimos cotidianamente.

Por supuesto, que todas estas situaciones descriptas están atravesadas por la desigualdad social y las diversas brechas sociales existentes. En relación con el impacto e influencia de las tecnologías nos referimos a las brechas de acceso, de uso, de calidad de uso, generacional, de géneros, etc.

Nuevos lenguajes y formas de comunicar la información

Los medios contemporáneos establecen la lógica de Internet, ya que por ejemplo la televisión se fusiona con internet, la radio se transforma a contenidos en línea y los soportes tecnológicos actúan en nuevo marco tecnológico. Los objetos de la comunicación se interrelacionan en un circuito en el que ocurren procesos tecnológicos y simbólicos que dan cuenta de significados y personas que se intersectan.

Sin embargo, hay que destacar la importancia de la construcción y circulación de relatos en los medios como fuerza dinamizadora de la convergencia. En la actualidad tenemos la posibilidad de transmitir más relatos por más medios o el o el mismo relato por diferentes medios. La convergencia digital es un circuito de interrelación entre tecnologías, relatos y usuarios. La "cultura de la convergencia" significa un cambio de paradigma donde el contenido circula por diversos canales y medios asumiendo en ellos nuevas estéticas de representación (Jenkins, 2008).

Henry Jenkins

En la actualidad, gracias a la convergencia digital cada medio nos remite al otro y, solo para compartir un ejemplo, la web nos permite recuperar, manipular y compartir contenidos de televisión y en la televisión encontramos relatos para luego navegar en internet.

La escritura ya no solo habita en el texto lineal, sino en el hipertexto, la imagen es coproducida en sitios de video compartido como Youtube, y los usuarios ahora usan códigos visuales, en las redes sociales digitales y las comunidades de la Web 2.0. Al mismo tiempo, los relatos circulan hacia otros espacios, sufriendo cambios, adaptándose a las nuevas reglas, a los nuevos lugares a los que migraron y la nueva arquitectura de la Web.

La convergencia entre producción y consumo que se encuentra en el núcleo de la categoría de "usuario", que es compleja y no siempre fácil de diferenciar. Podríamos concluir entonces que hoy el usuario es hipermedial y converge en su consumo dentro de la sutil trama de interconexiones simbólicas entre cada espacio narrativo de la tecnología y la comunicación digital.

La narrativa transmedia

El concepto de narración transmedia se incorporó al debate público en 1999, cuando el público y los críticos intentaban comprender el éxito, the blair witch Project (http://www.blairwitch.com/), película de bajo presupuesto, pero de mucho influencia social.

La convergencia mediática integra múltiples textos para crear una narración de varias dimensiones que no puede contenerse en un solo medio.

Una historia transmediática se desarrolla a través de múltiples plataformas mediáticas, y cada nuevo texto hace una contribución específica a la propuesta global. El formato debe concebirse desde el primer momento en términos transmediaticos: se deben crear películas y videojuegos, desde el comienzo por la creatividad, estimulando la imaginación. La narración se ha ido convirtiendo en el arte de crear mundos. El mundo es más grande que la película, ya que las especulaciones de los fans y seguidores expanden el mundo en diversos ámbitos. La creación de mundos sigue entonces una lógica mercantil, en un momento en el que los cineastas se dedican especialmente al negocio de crear productos autorizados. Según Janet Murray propone la "capacidad enciclopédica" de los medios digitales, que permitiría nuevas formas narrativas, a medida que el público busca información que trascienda los límites de la historia individual. Al mismo tiempo añaden información y desarrollan partes del mundo, integrando y armonizando la propuesta global.

Murray agrega que "estas obras atraen tres tipos de consumidores: los espectadores en tiempo real, activamente comprometidos; el público a largo plazo, más reflexivo, que busca patrones coherentes en la historia como un todo, y el espectador navegante, que disfruta siguiendo las relaciones entre las diferentes partes de la historia y descubren múltiples combinaciones del mismo material".

De espectador a usuario

Coincidiendo con Pardo Kuklinski, "La interacción entre usuarios y organizaciones tiende a segmentarse uno a uno, donde la confianza es el principal valor y moneda de cambio. La marca intenta convertirse en una comunidad que deja de ofrecer solo productos para ofrecer experiencias compartidas. Las plataformas sociales, los metadatos, las folksonomías, las posibilidades de geolocalización en dispositivos móviles y otras ventajas en el nivel de algoritmos y procesos facilitan este tipo de interacción segmentada. Lo más interesante es que el usuario y el ciudadano comienzan a valorar el trato personalizado y exigen esa actitud a las empresas y a la administración pública" (Pardo Kuklinski, 2014).

Pardo Kuklinski

En el siglo XX, donde todavía la comunicación era fundamentalmente unidireccional basada en la publicidad y las relaciones públicas a través de los medios masivos de comunicación, aún era posible lograr que el cliente pensará sobre una empresa lo que la empresa deseaba. La falsa conversación basada en un monólogo-guión preestablecido por un anunciante ha entrado en una fase de decadencia final que augura su pronta muerte definitiva. A este fenómeno de autismo versus conversación transparente, Charlene Li y Josh Bernoff, en el ya clásico *Groundswell. Winning in a world transformed by social technologies* (2009), le dan una dimensión bastante amplia bajo la denominación de *groundswell*. Traducido como ola de opinión de abajo hacia arriba, se trata de una tendencia de movimiento espontáneo en la cual las personas utilizan las plataformas en línea para comunicarse según sus propios intereses, tomando de los demás los mensajes que consideran más honestos e ignorando los mensajes de las corporaciones tradicionales.

Para Botsman y Rogers (2010) las tres virtudes de un producto fabricado para ser utilizado bajo consumo colaborativo son opuestas a las de un producto con una estrategia de obsolescencia planificada. Estas son: 1. longevidad, 2. modularidad (y capacidad de desarmar y volver a montar) y, 3. reciclar, redistribuir, reinventar.

Por otro lado, Henry Jenkins define la cultura de la convergencia , como el proceso cultural basado en las nuevas posibilidades de acción y participación de los usuarios que ha abierto la digitalización de los medios, en donde las características principales son:

- La cultura del espectador está dejando lugar a la cultura de la participación.
- El escenario de medios es mucho más complejo.
- Los ciudadanos comunes tienen la posibilidad de contar sus historias de forma poderosamente nuevas.
- En la era digital, el público toma los medios en sus manos y comienza a recuperar sus derechos para contar esos relatos.
- Se está innovando, experimentando, recontextualizando de forma novedosa.

- La cultura de la convergencia es un mundo en el que cada historia, sonido, marca, imagen o relación se desarrolla en la cantidad mayor posible de canales.

En este contexto el usuario de este siglo XXI está en condiciones de convertirse en productor de contenidos y no solo consumidor: por ello hablamos de pro-sumidores. Se deberá estimular la conformación y construcción de la inteligencia colectiva, aprovechando la variedad de plataformas, redes sociales, telefonía móvil. Dicha cultura participativa es ya un desafío para todas las personas preocupadas por la justicia social, pues tenemos el deber de asegurarnos que estas herramientas lleguen a las manos de aquellos que son los más olvidados y desposeídos para que sus historias sean escuchadas, para hacerlas circular en las redes sociales digitales.

La ingeniería social en el nuevo ecosistema digital

Además de la universalidad de las imágenes, es fundamental considerar, por su impacto cognitivo, que el procesamiento de la imagen no es lineal, como lo es el procesamiento del texto escrito. Mientras que la cultura del texto escrito exige del lector una actitud mental de concentración, la imagen potencia una actitud mental receptiva, de apertura. Si la cultura de la letra impresa potencia la capacidad del pensamiento lógico, analítico, lineal y secuencial, la exposición constante a contenidos audiovisuales conduce a desarrollar preponderantemente procesos de tipo visual, asociativo, intuitivo y sintético. En este sentido, el espectador contemporáneo está acostumbrado a relacionar, asociar y comparar los fragmentos de información con una velocidad antes impensada. Determinados aspectos del proceso de la emoción y del sentimiento son indispensables para la racionalidad. La accesibilidad de los microformatos y el auge de las plataformas de videosharing profundizan esta situación: se ha gestado un espacio plural en el cual es posible producir, publicar, distribuir y consumir mensajes audiovisuales como nunca había ocurrido.

Concepto de comunicación digital

La materialidad tecno-expresiva de los medios digitales hoy también tiene fronteras inciertas y definiciones difusas, pues el medio ya no es tan delimitado como en siglos anteriores. Antes de la revolución digital, cada medio y espacio tecno-expresivo tenía audiencias separadas y fragmentadas. El medio ya no existe aislado, ni es tan claramente definido, sino que es un soporte convergente, polifacético y multi-conectado. Con Internet y las nuevas tecnologías, podemos decir que la comunicación digital abarca una inmensidad de campos y casi toda la comunicación tradicional hoy fue reemplazada o converge con elementos y comunidades digitales.

Modelos y componentes del proceso comunicativo digital

En el marco del nuevo ecosistema digital que vivimos, el alcance de los medios de comunicación masivos, de las redes sociales digitales influyen en algunos componentes, como por ejemplo la experiencia persuasiva, que se crea para modificar actitudes, conductas o ambas. Para ello se utilizan diversas estrategias de influencia social. Otra característica de un proceso de comunicación digital es su distribución social, que permite compartir la experiencia entre amigos, y en el marco de una cultura altamente confiable para los miembros que forman dichas comunidades digitales, lo que le da mayor credibilidad. Desde esta perspectiva la web nos ofrece un entorno de comunicación digital tan potente y completo que no tenemos necesidad de abandonarlo. Más aún: la estrategia de muchas aplicaciones de la Web 2.0 es darles a los usuarios un perfil único que articule las múltiples identidades 2.0 y sea útil para toda la web. Y es aquí donde deberemos realizar una lectura atenta y crítica de dichos consumos culturales y digitales.

Vivimos en una cultura de la convergencia, anunciaba Henry Jenkins en 2006, y la transformación más significativa de este proceso es el paso del consumo mediático individualizado y personalizado al consumo como una práctica en red, se entrecruzan medios populares con los corporativos, productores y consumidores mediáticos ponen en juego renovadas estrategias de poder que interaccionan de manera impredecible.

CAPÍTULO 2

Las tecnologías disruptivas

En estos días escuchamos cada vez más cotidianamente términos como big data, internet de las cosas, inteligencia artificial, cloud computing, etc. Las tecnologías disruptivas llegaron para quedarse. La base del emprendimiento empresarial en la sociedad actual que se orienta desde diversas usinas tecnocráticas es la información y qué hacer con ella: como procesarla, guardarla, compartirla, analizarla, etc. La base e intención de esta propuesta se deposita en la capacidad para recopilar, almacenar y usar más información, pero la naturaleza de los datos y su importancia no han variado esencialmente. De acuerdo con esta interpretación, la expresión *big data* es solo una manera grandilocuente de describir la capacidad de la sociedad de controlar más datos que nunca en la historia universal.

En la actualidad podríamos compartir las siguientes certezas:

- Tenemos más datos que nunca. Pero no significa que podamos hacer o saber más: el cambio de escala conduce a un cambio de estado, y el cambio cuantitativo a uno cualitativo. Ese es sin duda uno de los desafíos planteados.

- Los cambios en la recopilación e interactuación con información tienen profundas consecuencias en nuestra comprensión de la economía.
- Transcurrirá un tiempo antes de que cambien las prácticas y actitudes para incorporar de forma razonable la tecnología a nuestras vidas, a nuestras instituciones y a nuestros valores.
- Lo importante de los big data es que nos permiten hacer cosas nuevas. Una de las maneras más prometedoras en la que se pueden usar los datos es el área llamada "aprendizaje automático".

Una de las máquinas del Marenostrum, Supercomputador del BSC

Sólo con medir la capacidad de cálculo de los celulares de última generación, tomando como referencia la cantidad de datos que pueden almacenar y recuperar de su memoria interna, se pone de manifiesto un ritmo de crecimiento que ninguna otra tecnología, ni antigua ni moderna, ha alcanzado. No hace falta recurrir a los lenguajes especializados de ingenieros o programadores informáticos, pues la enorme cantidad de computadoras y dispositivos digitales que hay instalados en nuestros hogares y trabajos, o que las personas trasladan desde un lugar a otro por todo el mundo, revela un ritmo de crecimiento impactante. Una medida aún más significativa nos la proporciona lo que estos dispositivos están preparados para resolver, ya que pueden interactuar de forma "inteligente" con otros dispositivos y con ¿seres humanos? En los próximos años será muy significativa la convergencia de aplicaciones que utilicen algoritmos basados en inteligencia artificial y que alojen su información en la nube computacional (cloud computing) y que utilicen varios dispositivos para obtener información del consumo por parte de los usuarios. En este sentido, también podríamos ampliar en relación con el impacto y aporte de la inteligencia artificial en diversas ramas del conocimiento y de la sociedad.

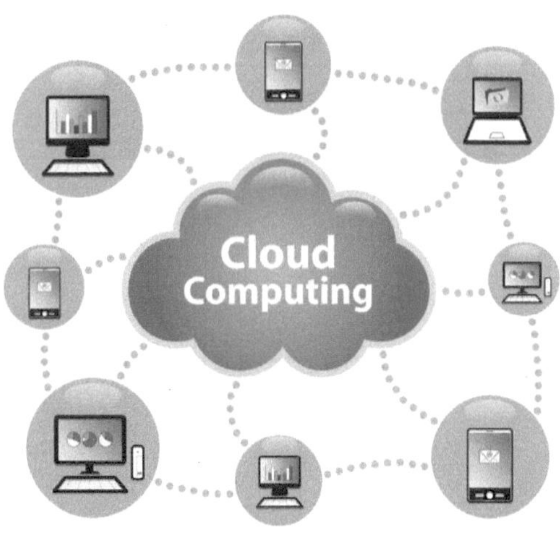

Computación en la nube

La Inteligencia artificial

Desde las leyendas mitológicas de Pigmalion y Golem y Frankeistein, cuando hablamos de Inteligencia Artificial se despiertan la creatividad y la imaginación de las personas.

La supercomputadora HAL 9000 de Odisea del Espacio es un claro ejemplo de la fuerte relación entre la ciencia ficción y la Inteligencia Artificial. Otras películas muy interesantes que abordan esta temática son: La guerra de las galaxias, Blade runner, Inteligencia artificial y Robocop.

Si bien, en los últimos años se han desarrollado muchos avances sobre la Inteligencia Artificial, no siempre es lo que fantaseamos o lo que imaginaron los grandes escritores y cineastas.

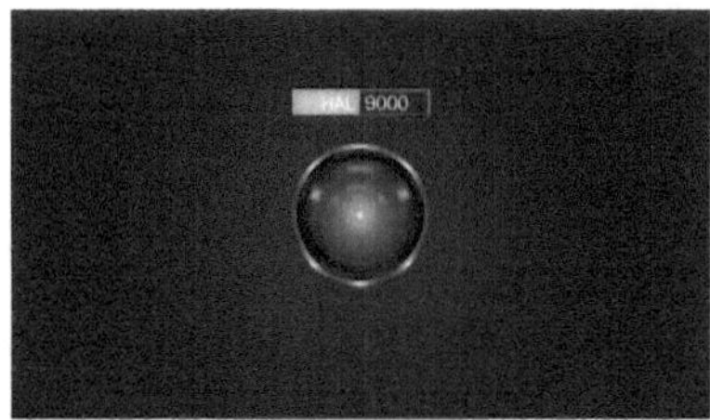

El famoso ojo rojo de HAL 9000

CAPÍTULO 3

El rol del adulto ante la relación de las TIC y los estudiantes

En este nuevo escenario, la familia y la escuela siguen vigentes como contextos de socialización decisivos para los niños y los adolescentes, pero se encuentran "en competencia" con los medios masivos de comunicación y las TIC, como generadoras de sentido, de horizontes vitales.

¿Y qué podríamos decir de la familia? ¿Cuáles son los nuevos modelos familiares? ¿Cómo socializamos a nuestros hijos en un contexto de inestabilidad (laboral y familiar)? Estas, entre otras variables, son importantes para tener en cuenta y evaluar las distintas situaciones que pueden aparecer.

Tanto en la familia como en la escuela el adulto debe ser el referente del niño/a y del adolescente, cuidando, enseñando, realizando una "pedagogía de la presencia". Deberemos orientarlos a ampliar la mirada sobre este tópico: no se trata de prohibir el uso de las TIC, sino de proponer a partir de ellas, apropiarlas, acompañar en su uso, mostrar desde la propia experiencia, generar oportunidades de reflexión. Inmersos en este ecosistema digital, debemos tener presente que es muy importante la construcción sistemática y permanente de la subjetividad de nuestros niños y jóvenes, que es sin duda la construcción de una "subjetividad de la comunicación permanente", donde deberemos evaluar si se promueve una comunicación profunda o no.

También se plantea el desafío de analizar si en la era de las pantallas se desarrolla una mirada que se encuentra con el otro o se evidencia la incapacidad para estar a solas. En síntesis, nos enfrentamos a problemáticas que no estaban planteadas o no eran visibles hace unos años.

Aportes para una ciudadanía digital

La incorporación de las nuevas tecnologías como medio de comunicación e información es un dato indiscutible e indispensable en el siglo XXI, por lo cual deberemos tener una mirada amplia e integral al interactuar con las TIC dentro de la escuela y en la sociedad en general, que nos permita establecer algunos criterios con sentido práctico en el uso responsable de Internet y de las tecnologías en general.

Netiquette: reglas de comportamiento dentro de Internet (comunicación, responsabilidad, derechos, seguridad)

Citamos un párrafo de la publicación de ECPAT Internacional (End Child Prostitution, Child Pornography and Taffiking of Children for Sexual Purposes) "La Violencia contra los Niños en el Ciberespacio" que enmarca la relación de Internet y los niños y jóvenes:

> "Dentro de este espacio virtual, niños, niñas y adolescentes interactúan de la misma manera que en el mundo físico: participan de la construcción de vidas y círculos sociales donde buscan e intercambian infor-

mación, se comunican y confían en amigos y pares, conocen e interactúan con extraños, hacen nuevos amigos, aprenden y desarrollan sistemas de valores, juegan juegos y se entretienen y prueban y desarrollan sus identidades. También tienen discusiones, desafían la autoridad, buscan información considerada tabú, se arriesgan, ingresan en zonas en las que no deberían ingresar, sienten miedo, estrés y ansiedad y prueban los límites de la disciplina establecida por sus padres y tutores."

Sabemos que en Internet circula todo tipo de contenidos, entre los que encontramos material pornográfico, violencia explícita y racial, y otros materiales perjudiciales para niños y adolescentes.

Al mismo tiempo es habitual que los niños, niñas y jóvenes graben sus propios videos "caseros" y los suban a Internet (por ejemplo, en el canal de videos Youtube) o los compartan en redes sociales digitales (por ejemplo, Facebook o Twitter). También que publiquen fotografías en las redes sociales digitales, como Instagram.

Los alumnos pueden utilizar estas herramientas para intercambiar archivos y mensajes sobre temas escolares y personales, pero hay que explicarles y conversar con ellos sobre no crear cuentas falsas u ofensivas hacia otros pares y/o adultos, pues estarían generando una identidad falsa y podrían perjudicar a alguien.

En el marco de la actividad escolar tendremos que considerar algunas pautas de trabajo de los estudiantes, pues en muchas oportunidades los alumnos utilizan nicks (apodos) y a la vez comparten sus contraseñas de acceso, por lo cual al mantener este tipo de comunicaciones es fundamental pautar los mecanismos y las reglas claras de trabajo para evitar inconvenientes posteriores, tratando de darle un marco educativo.

Como agregado, para prestar atención deberemos tener cuidados especiales, como por ejemplo que en estos espacios virtuales se puede interactuar con personas desconocidas, con los riesgos relacionados, y que además las redes de pedofilia utilizan estos canales para contactarse con niños y jóvenes con fines de algún tipo de abuso. Las aclaraciones anteriores son fundamentales pues los alumnos (niños, niñas y adolescentes) en general suelen admitir a personas desconocidas que argumentan ser "amigos de amigos".

Identidad y huella digital

Podríamos enumerar algunos ítems a considerar en relación a como "navegan" los estudiantes en la Web y la huella "digital" que van dejando en sus interacciones virtuales. De allí se pueden describir algunos conceptos y las características principales en la conformación de la identidad digital:

- **Nick:** ¿usan su nombre legal o uno ficticio? ¿qué tipo de nombre es?
- **Avatar:** ¿usan una foto que lo representa o una ficticia con la que se identifica?
- **Lo que publican:** ¿qué tipo de cosas dicen en la web? ¿cuándo las dicen? ¿cómo las dicen?
- **Los servicios que usan**. ¿Van al cine mucho? (YouTube) ¿Al museo o a la biblioteca? ¿Eres una persona culta? (Wikipedia) ¿Eres más de bares? (Twitter) ¿Te gusta comunicarte de manera personal? (Gmail).
- **Los contactos que tienen**. ¿Muchos o pocos? ¿Qué

tipo de gente es? ¿se relacionan mucho o más bien poco? ¿Cómo son esas relaciones?

- **Lo que valoran y aportan**. ¿Dejan comentarios? ¿Votan? ¿Qué tipo de valoraciones y aportaciones realizan? ¿Son agradables, constructivas, destructivas, inapropiadas, útiles? Y, a la vez, lo que dicen de ellos otras personas, cómo las valoran.
- **Las ausencias.** ¿No tienen perfil? ¿No tienen blog? ¿Qué cosas no publican? ¿Qué servicios no usan? ¿Qué contactos no tienen?

Podríamos decir entonces que la identidad digital es el control que ejerce un usuario sobre su información para limitar la cantidad de personas autorizadas a obtenerla.

Ejemplo de Avatar

La privacidad de la información

Las familias y los docentes deben contar con información precisa acerca de potenciales situaciones que pueden ser riesgosas para sus hijos/as y estudiantes con relación al uso de las TIC. En el siglo XXI, el uso responsable y seguro de las nuevas tecnologías, en particular de Internet, se ha convertido en un derecho y se debería al mismo tiempo cumplir con una serie de obligaciones en su uso, que permitan una relación armónica entre los "ciudadanos del siglo XXI". Desde edades tempranas hay que inculcarles a nuestros estudiantes pautas de autoprotección en la navegación en Internet, para contribuir a que sea una navegación segura, útil y placentera.

En este sentido, es importante que existan un diálogo y una comunicación permanentes con los estudiantes sobre estas temáticas, teniendo en cuenta siempre los comentarios y no ahorrar ningún tipo de cuidado. Serán fundamentales los acuerdos alcanzados con las familias para mantenerse informados y comunicados ante cualquier problemática que surja, además de fijar criterios comunes de abordaje.

Existen otras alternativas de "control" sobre la navegación en Internet, por ejemplo, a partir de la utilización de alguna herramienta en particular, se podría acceder a un "historial" de navegación en alguna red social digital, teniendo de esta manera un registro resumen de las conversaciones online de nuestros hijos/as, sobrinos/as, nietos/as, etc. Deberemos tener la capacidad y el equilibrio como adultos para medir la invasión de la privacidad y la intimidad del niño/a o joven. La construcción de confianza es estratégica, pues deberemos creer en sus palabras y hechos, como deseamos que ellos lo hagan con nosotros. Este recurso, entonces, es recomendable solo en casos de situaciones extremas.

CAPÍTULO **4**

Hacia un ambiente educativo con tecnologías digitales

Con relación a la Educación, nos encontramos ante un desafío mundial, que consiste en cómo adaptar la Escuela diseñada en el siglo XIX a nuestros estudiantes del siglo XXI, y con profesores y maestras formados esencialmente en el siglo XX.

Sin embargo, estamos transitando un momento maravilloso, descripto por Margaret Mead (1970) cuando avizoraba el siglo XXI, como el siglo de las culturas posfigurativas, donde los grandes aprenderíamos de los chicos (y viceversa), pero de modo novedoso e inesperado. Porque, en este mundo hipercomplejo, "los chicos están obligados a pensar como grandes: analizando redes sociales complejas, administrando recursos, siguiendo narrativas entrelazadas sutiles, reconociendo patrones de largo alcance" (Selfe & Hawisher, 2007).

La incorporación de las nuevas tecnologías como medio de comunicación e información es indiscutible e indispensable en la actualidad y reflexionar sobre su interrelación en los ámbitos educativos, sociales y culturales es imprescindible.

Desde la década de 1970 vivimos un profundo cambio tecnológico y cultural, impulsado por los grandes avances en el campo de la informática y las telecomunicaciones; se

generalizan nuevos modelos de gestión de la información y el conocimiento, la reestructuración del mundo del trabajo, del estudio, de las organizaciones laborales, etcétera.

Tal como sucede con los medios de comunicación, podemos decir que no existe una relación causa-efecto entre las TIC y la conducta del usuario, debido a que los contextos personales, familiares y sociales son mediaciones importantísimas para definir cómo procede la persona en el uso de las TIC. Por estos motivos, el uso de las TIC siempre es contextual. Tal como sucede con los medios de comunicación, no existe una relación causa-efecto entre las TIC y la conducta del usuario.

La educación virtual

La educación virtual se basa en una mediación entre el docente y el estudiante, ubicados en espacios diferentes, para estimular el aprendizaje de forma independiente y también la colaboración entre pares.

El e-learning se ha asimilado mucho en el marco profesional, en empresas, corporaciones, universidades, escuelas, generando beneficios para las Instituciones educativas, sus docentes y sus alumnos.

Varias de las aplicaciones de las herramientas de la Web 2.0 se pueden utilizar para producir contenidos y materiales para el desarrollo de proyectos de e-learning y desarrollar una experiencia de aprendizaje.

Logo de Moodle

El m-learning

El m-learning es una metodología de enseñanza y aprendizaje con el uso de dispositivos móviles, tales como teléfonos celulares, tablets, i-pods y todo dispositivo de mano que tenga alguna forma de conectividad inalámbrica.

Las tecnologías móviles y ubicuas se vienen incorporando a nuestras vidas desde hace unos años, cada vez con más fuerza, y, por lo tanto, está surgiendo lo que denominamos mobile learning o m-learning y que consiste en usar estos dispositivos electrónicos para enseñar y aprender.

El Ciberespacio como espacio de interacción social, educativa y tecnológica

En Internet, la información se mueve en dos sentidos: hacia el usuario y desde el usuario, cualquier persona puede emitir y recibir, ya que su audiencia potencial es el conjunto total de personas conectadas, podría abarcar todos los continentes, y para ello puede emplear texto, imágenes y sonido. Además, la información se puede elaborar, guardar y reenviar al instante a cualquier sitio.

La formación, la educación y la cultura son los siguientes e ineludibles requisitos que necesita una sociedad para avanzar en armonía. Son muchos los aspectos y temas a abordar, y en estos asuntos sí tienen mucho que decir las nuevas tecnologías de la información.

CAPÍTULO 5

Posicionar al estudiante como productor de contenidos

Desde el espacio escolar se debe tender a que, paulatinamente, además de tomar información, los estudiantes se conviertan en prosumidores, es decir, produzcan sus propios contenidos digitales y los pongan en circulación para hacer escuchar su voz en la red, ya que de esto se trata la formación de protagonistas activos. No solo se hace visible su subjetividad, sino que en el mismo proceso se le da valor social. En ese sentido es importante que los estudiantes puedan realizar, confeccionar y diseñar presentaciones con diapositivas, videos, mapas conceptuales, etc., sobre distintas temáticas y tópicos específicos de los diseños curriculares de cada materia o área. Y que dichas producciones puedan compartirse en diversas redes digitales sociales, plataformas virtuales, entornos virtuales de enseñanza y aprendizaje es estratégico. Poder interactuar y navegar, incorporando conceptos, metodologías, perfiles y criterios es parte de conformar hábitos necesarios para poder desenvolverse en las actividades sociales y culturales en el siglo XXI.

Navegar de manera segura

La exposición en la red debe acompañarse con prácticas para el resguardo de los datos personales de los estudiantes. Una vez cargado un contenido en la web, ya sea de manera institucional o en el ámbito privado, es muy complejo tener control de su alcance, por lo cual debiera plantearse, en conjunto con la propuesta de la carga de contenidos, los criterios y estrategias para el uso seguro de la red.

Las nuevas tecnologías de la información y la comunicación (TIC), la informática, los procesos robotizados, las pantallas que nos rodean, y que muchas veces no miramos, involucran al conjunto de la vida social a escala mundial. Sin embargo, más allá de los promisorios discursos que interpelan a hombres y mujeres del planeta como consumidores y usuarios de un mundo tecnologizado, la integración de las TIC en los distintos países, zonas geográficas y clases sociales no se da de manera uniforme y armónica. La llamada "brecha digital" es dinámica e involucra aspectos vinculados a la inequidad en el acceso a infraestructura, soportes o conectividad, en las posibilidades de interacción y en las potencialidades de apropiación significativa por parte de los usuarios.

La búsqueda en tiempo real es una respuesta a un cambio fundamental en la forma en que las personas usan la web. En la actualidad vivimos en la llamada Sociedad del Conocimiento, en que las redes sociales como Twitter o Facebook nos han puesto en otro estadio, donde lo central es "estar conectados" y, como consecuencia, los intercambios de contenidos a través de la Web aumentaron considerablemente. A esta nueva "cibercultura" han contribuido, sin dudas, las herramientas de la llamada Web 2.0, que en su gran mayoría son gratuitas y de un uso muy sencillo, por lo cual no se necesitan "intermediarios" o programadores, por lo tanto, el paradigma de la Sociedad del Conocimiento y el aprendizaje, parecerían estar al alcance de todos. Hoy la red se ha transformado en más participativa y colaborativa, y sin duda marchamos a una transformación más profunda que será una red global semántica en donde términos como objetos inteligentes, geolocalización, cloud computing, blogosfera, etcétera, hoy términos muy abstractos, serán cotidianos.

Por otro lado, a nivel social y cultural las redes sociales digitales subvierten nuestro lenguaje, pues se llama "amigos" a los "contactos", distorsionando y recategorizando una situación de cotidianeidad.

Los así llamados "amigos" pasan a formar parte de una misma categoría, "licuando" las distinciones que solemos hacer entre las distintas esferas de la vida real (familiares, compañeros de trabajo, amigos).

Redes sociales digitales

Generar búsquedas pertinentes en internet

Los horizontes del saber se expanden signifcativamente cuando los estudiantes utilizan los recursos virtuales como insumo. Si, además, se enriquece la propuesta con orientaciones sobre sitios que manejan contenidos acordes a los objetivos pedagógicos previstos y que presenten discursos en un lenguaje orientado a la franja etaria de los niños, esta experiencia resulta aún más exitosa.

Generan espacios de diálogo, intercambio multicultural y entornos de trabajo y estudio colaborativo.

Webquest: Búsquedas de información orientadas

El modelo de Webquest surge en la State University, de San Diego, EE.UU., en el año 1995. Fue desarrollado por los profesores Bernie Dodge y Tom March. Podríamos decir que las características fundamentales de una Webquest son:

- Debería ser un trabajo destinado a un grupo de alumnos, en el que se propone una actividad con información proveniente en casi su totalidad de Internet. Entre las consignas no se encuentra la búsqueda de información, debido a que en el diseño de la webquest ya están previstas las fuentes de información (o sea, los sitios Web a visitar).
- La webquest como actividad se debería concentrar en que los alumnos trabajen en la administración y organización de la información que se plantea; las consignas deberían apuntar a que los estudiantes

transformen la información de manera crítica y creativa.

- También se debería evitar malos usos de Internet, como por ejemplo copiar y pegar.

Al mismo tiempo una webquest apuntaría a desarrollar las siguientes competencias:

1. La buena gestión de la información (más que la búsqueda, selección y clasificación, ya que son procesos diferentes).
2. la lectura y la comprensión de textos;
3. la escritura y la comunicación a través de textos;
4. la creatividad;

Niveles de webquest

Se podría pensar según la duración de las webquest en distintos niveles:

1. **Webquest corta:** adquisición e integración del conocimiento de un determinado contenido de una o varias materias.
2. **Webquest larga**: son más profundas y elaboradas.
3. **Miniquest**: es una versión reducida de las webquest. Los alumnos pueden realizarlas completamente en una clase. Son ideales para que los docentes den sus primeros pasos en la construcción de actividades de aprendizaje basadas en la red.

Estructura de una webquest

Se puede estructurar una webquest en seis partes, que nos sirva para orientarnos en el diseño de la misma:

- Introducción.
- Tarea a realizar.
- Proceso
- Recursos
- Evaluación (puede ser en forma de rúbrica, es decir, a partir de una grilla previamente establecida)
- Conclusión

Pueden incorporarse otros puntos, como una guía para el docente, y se agregarán cuando correspondan los créditos y referencias.

Muchas veces se piensa que todo lo que se puede hacer con la computadora se puede hacer en el cuaderno de clases. Las webquest son actividades para realizar exclusivamente utilizando y en Internet, favoreciendo la posibilidad que los alumnos tengan acceso a contenidos interesantes, de calidad y actualizados.

Internet brinda una gran cantidad de información y el uso de esta metodología es una manera de aprovecharla. Los chicos accederán a documentos de primera mano, fuentes primarias, etc., a los que sería muy difícil llegar de otra manera. No es la única ni principal manera de trabajar para lograr el desarrollo del pensamiento crítico de los alumnos, pero sí una nueva estrategia de este momento que brinda un valor agregado más a los recursos de nuestros docentes, y permite la transformación y la construcción del conocimiento.

CAPÍTULO 6

El ciber-acoso escolar o el "E-bullyng"

El maltrato y acoso entre pares siempre estuvo presente en la vida escolar. Con el avance de las nuevas tecnologías y en particular de Internet, han surgido diversas situaciones de violencia a través de la Web.

El acoso a través de Internet, llamado cyber-bulling o e-bullying, es uno de los problemas principales vinculados al uso de la tecnología por parte de las comunidades escolares. A diario nos encontramos con situaciones de acoso, atemorización y violencia, pequeños incidentes o grandes conflictos entre jóvenes y niños, que luego de sufrir atropellos online, han reforzado la noción de que no tienen conciencia cómo Internet puede transformar la conducta típica adolescente en algo no solo público, sino también permanente.

En los casos de e-bullying comprobamos que no solo los adultos pueden generar abuso y violencia, sino que muchas veces los niños/as y jóvenes pueden ser agresores, abusadores y violentos, y que se potencian con el uso de las nuevas tecnologías. El entorno virtual facilita, en el caso de algún tipo de agresión, la distancia existente y en muchos casos el refugio de identidad del que agrede a otro niño/a o adolescente.

Es fundamental que los compañeros de los niños y niñas agredidos jueguen un rol fundamental, que es alertar, defender y proteger a sus compañeros cuando son agredidos o pueden ser atacados o intimidados de manera online.

Logotipo contra el ciber acoso

Es responsabilidad de los adultos tomar en cuenta algunos de los problemas estructurales que enfrentan los niños al trabajar e interactuar de forma online.

Código propuesto por la Sociedad Argentina de Pediatría para el uso seguro de Internet

- Usar Internet con la supervisión de un adulto responsable.
- Ubicar la PC en un lugar común del hogar y con la pantalla a la vista.
- Navegue, chatee y converse en compañía de sus hijos.
- Enseñe a sus hijos a consultarlo antes de facilitar datos personales.
- Hable con sus hijos sobre la sexualidad responsable, ya que los niños pueden encontrar contenido para adultos o pornografía en línea. Anime a sus hijos a que lo informen sobre situaciones desagradables.
- Elija un sitio adecuado para sus hijos como "página de inicio". Arme y supervise una lista de favoritos.

- Converse con sus hijos sobre sus amigos y actividades en línea, al igual que sobre otra actividad del mundo real en la que empiezan a conocer personas nuevas.
- Enseñe a sus hijos a tener un comportamiento en línea ético y responsable; demuéstreselo usted mismo con el ejemplo.
- Comunique a sus hijos que estará al tanto de sus actividades en línea.

Preste atención a lo que sus hijos le informen, escúchelos y acompáñelos en estas etapas de descubrimiento.

Logo de la Sociedad Argentina de Pediatría

Hacia la construcción de una ciudadanía digital en el siglo XXI

Como sucede con los medios de comunicación, no existe una relación causa-efecto entre las TIC y la conducta del usuario. Y, en este sentido, los nuevos escenarios personales, familiares y sociales son mediaciones importantísimas para definir cómo procede una persona en su interacción con las TIC.

Uno de los desafíos de la Escuela es que los alumnos comiencen a utilizar Internet en función de proyectos y trabajos pedagógicos, haciendo un uso que permita aprovechar todos los recursos existentes en la Web, y puedan vincular todo lo que realizan con la tecnología fuera de la escuela, y generar los puentes necesarios para concretar estos objetivos educativos.

Complementariamente, desde las familias y la institución escolar (los equipos directivos y los docentes) se debe alertar sobre los diversos riesgos existentes en Internet, para que los estudiantes también los vayan contemplando, ya que en muchas ocasiones realizan acciones cotidianas sin medir algunos riesgos, como por ejemplo:

- Brindar datos personales (nombre completo, dirección).
- La existencia de personas que dan identidades falsas.
- Las personas que acosan con intenciones de abuso.
- El empleo de fotografías de niños y adolescentes con fines inadecuados.

Es fundamental que los estudiantes y docentes tengan en cuenta al interactuar con Internet que:

- Las interacciones online tienen implicancias en la vida real, no solo en el aspecto virtual.
- Tendrán que comenzar a discernir las fuentes confiables y válidas de información.
- Los docentes deberán preparar a los estudiantes para que sepan protegerse de situaciones que los coloquen en riesgo, y que permita ir generando algunas orientaciones de autocuidado.

Para el efectivo diseño de criterios y estrategias de prevención de los problemas que puedan surgir, será fundamental el trabajo grupal de docentes, familia y estudiantes, remarcando que los adultos son los responsables de garantizar la salud psicofísica de los niños/as y jóvenes.

CAPÍTULO 7

El *Sexting* y el grooming

¿Qué es el *sexting*?

En los últimos años, a partir de la multiplicación de dispositivos móviles han surgido peligros a partir de su uso. Uno de los más actuales es el Sexting, cuyo riesgo alcanza a niños, niñas y adolescentes. Denominamos *sexting* a la acción de enviar fotos, videos o mensajes de contenido sexual y erótico personal a través de dispositivos tecnológicos, ya sea utilizando aplicaciones de mensajería instantánea, redes sociales digitales u otra herramienta de comunicación. La palabra sexting es un acrónimo en inglés formado por "sex" (sexo) y "texting" (escribir mensajes). Esta actividad es muchas veces desarrollada por niños, niñas y jóvenes menores de 18 años.

Es importante destacar que sin duda el contenido erótico audiovisual es generado por el propio emisor del mensaje, quien lo envía deliberadamente a un receptor con un objetivo específico. Pero también esos emisores al compartir los mensajes en diversas redes sociales digitales pierden el control de este tipo de mensajes, facilitando o provocando así el robo y/o viralización de contenidos audiovisuales íntimos de carácter sexual. Por ello esta práctica se ha vuelto aún más peligrosa, ya que **cuando se**

pierde el manejo y difusión de los contenidos, se pierde además la intimidad de cada emisor.

El sexting es la difusión o publicación de contenido sexual realizado por el propio individuo. En este sentido, se debe diferenciar dos tipos de conductas: **el sexting activo** del **sexting pasivo**. La primera conducta se refiere a las fotografías o vídeos con posturas insinuantes tomadas por la propia persona, mientras que la segunda es la recepción de materiales sexuales de personas conocidas, enviadas a las diferentes redes sociales digitales o salas de chats.

Riesgos del *sexting*

- Daños a la imagen, perdida de intimidad y privacidad.
- Extorsión, sextorsion y chantaje.
- Pornografía infantil.

Algunos recursos para trabajar esta temática:

- Decálogo para no realizar sexting publicadas en el sitio Pantallas amigas: http://www.pensarantes-desextear.mx/prevencion-10-razones-no-sexting/
- Consejos para realizar sexting seguro: http://www.sextingseguro.com/consejos-sextear-nudes-con-menos-riesgos/
- Guía como prevenir el sexting: http://www.sexting.es/wp-content/uploads/guia-adolescentes-y-sexting-que-es-y-como-prevenirlo-INTECO-PANTALLASAMIGAS.pdf
- Lo público y lo privado en las redes sociales (Ministerio de Educación del Gobierno de la Ciudad Autónoma

de Buenos Aires, 2018) https://www.buenosaires.gob.ar/sites/gcaba/files/profnes_interareal_lo_publico_y_lo_privado_docentes_-_final_0.pdf

Logo de Secukid

La pornovenganza

Uno de los problemas derivados de esta práctica es el *revenge porn* (la traducción literal sería "porno venganza"), nombre por el que se conoce a la acción de publicar o difundir fotos o vídeos íntimos sin el permiso de la víctima, generalmente motivado por venganza ante un conflicto personal o buscando la humillación de la persona (podrían ser casos de ex-parejas). Es importante aclarar que la utilización de fotografías o videos privados tomados en la intimidad para publicarlos o viralizarlos no pueden compartirse sin el consentimiento del protagonista a través de redes sociales digitales o sitios web, aun habiendo existido acuerdo entre las partes involucradas para la creación de esas imágenes o videos.

Los contenidos comprometidos podrían incluso acabar subidos en páginas web de contenido pornográfico. Además del daño moral y psicológico que esta situación provoca sobre la persona afectada y su entorno, también ocasionan un desgaste técnico y de tiempo conseguir la eliminación de dichas fotos o vídeos en los sitios web que aparecen, pero resulta muy difícil o imposible.

Por su traducción al español el término derivó en pornovenganza y posteriormente se comenzó a denominar a la práctica como difusión no consentida de material íntimo. Al eliminar el término "venganza", se amplió la figura ya que de esta forma no se consideran únicamente aquellas situaciones donde el sujeto actúa por venganza o donde las partes tenían una relación previa, sino que se lo expande a terceros no relacionados con el hecho en sí de la captación original de la imagen.

En este sentido, si bien en general, el contenido es difundido por ex parejas quienes en la mayoría de los casos estuvieron involucrados en la generación de esas imágenes o videos en la intimidad, también se dan casos de la mano de hackers oportunistas quienes vulneran los sistemas de seguridad o descifran las contraseñas de las víctimas para robar el material privado y humillarlas o chantajearlas.

Se trata de una práctica que constituye una grave afectación del derecho a la privacidad de las personas, ya que, en algunos casos, se completa con la difusión de datos personales tales como el nombre, la edad, la dirección de correo electrónico y las cuentas en redes sociales, entre otros. El principal deseo de las víctimas es lograr que el material difundido sea retirado de Internet, por ello el castigo del culpable suele quedar en un segundo plano. La legislación civil argentina, en la actualidad, cubre este tipo de hechos ilícitos, no así la penal, lo cual deja un vacío que debe ser enmendado.

A su vez, se la considera como violencia sexual ya que genera desequilibrio emocional en la víctima, impactando directamente en su integridad psicofísica. En este sentido, las diversas experiencias vinculadas al fenómeno muestran trastornos graves en la vida familiar y laboral.

Lo característico de la pornovenganza es que, si bien pudo existir acuerdo entre las partes involucradas a la hora de tomar las fotografías o grabar los videos en la intimidad, no resultó así al momento de compartir dicho material en Internet. Además, se destaca el hecho de que el eje no está en la producción de videos íntimos, sino en la publicación del material sin el consentimiento de las partes involucradas. Por eso motivo, al no haber mutuo acuerdo por parte de los involucrados en la publicación, las víctimas pueden tomar acciones legales contra los responsables por violación de sus derechos.

A modo de conclusión, es importante tomar conciencia de que cada vez que se visualiza y difunde este tipo de contenido sin consentimiento se está perpetuando este tipo de prácticas, que vulneran el derecho a la privacidad de las personas. Por ello, es fundamental no compartir fotos o videos íntimos ajenos y denunciar estos hechos ante la Justicia.

También es interesante que, a partir de estas situaciones, tenemos la oportunidad de trabajar con los contenidos de la Ley de Educación Sexual Integral (ESI) pues no da el marco para abordar varios tópicos y estas temáticas relacionadas con el sexting y la pornovenganza. Un material muy interesante para trabajar es la guía práctica sobre sexting, con vos en la Web (https://www.argentina.gob.ar/justicia/convosenlaweb), del Ministerio de justicia y derechos humanos, que se presentan 4 situaciones de ejemplos más comunes de estas situaciones.

¿Qué hacer si alguien distribuye imágenes íntimas que estamos implicados directamente?

1. **Recopilar todas las pruebas:** páginas o espacios en los que aparecen las imágenes o vídeos, los nombres de usuario, perfiles o datos que puedan averiguarse de la persona que publica o difunde las imágenes. Y de lo que se haya podido obtener preservar la prueba ante el Juzgado.
2. **Intentar parar la difusión**: contactar con los responsables de las webs o servicios donde estén publicados los contenidos a través de los mecanismos que faciliten para estos casos.
3. **Denunciar**: interponer una denuncia ante las fuerzas y cuerpos de seguridad del Estado.

Por ello es recomendable tomar los siguientes criterios:

- Pensar antes de enviar una imagen o vídeo personal:
  - Cuando el contenido sale del móvil, se escapa de nuestro control y se convierte en "irrecuperable".
  - Lo que hoy queremos compartir, tal vez en un futuro no queramos.

¿Qué es el grooming?

El grooming es un concepto que se utiliza para hacer referencia a todas las conductas o acciones que realiza un adulto para ganarse la confianza de un menor de edad, con el objetivo de acosar al menor y lograr obtener algún beneficio sexual.

El agresor intentara persuadir al niño/a o adolescente para crear un vínculo de "confianza", y de esta manera lograr un acercamiento que le permita obtener imágenes, vídeos con contenido sexual, e inclusive un posible acercamiento físico para abusar sexualmente de la víctima.

En general el agresor analiza y estudia a la víctima, intentando conocer cuáles son sus intereses, gustos, actividades, etc. Generalmente, el primer contacto se realiza a través de alguna de las redes sociales digitales, y en ocasiones el agresor falsifica su identidad, haciéndose pasar por un par, lo cual le facilita obtener todos los datos personales del menor ya que le crea más confianza con la potencial víctima.

Una vez consolidada la relación de amistad y la confianza, el agresor no duda en empezar el acoso sexual, solicitando al menor material pornográfico, o un encuentro sexual. Es por ello, la importancia de las familias de mantener una constante y fluida comunicación con los niños, niñas y adolescentes, en la cual incluya las consecuencias y riesgos del grooming y otras prácticas similares, así como la supervisión regular y monitoreo de las redes sociales digitales.

CAPÍTULO 8

Recursos y juegos web para trabajar las temáticas y tópicos abordados

Juego Secukid

http://www.secukid.es/

Es un juego para dispositivos móviles dirigido a todos los públicos, especialmente niños, niñas y adolescentes a partir de los 11 años. Está concebido para conocer mejor algunos riesgos de Internet, sus efectos y cómo prevenirlos.

SecuKid® se desarrolla en el contexto del "Estudio sobre hábitos seguros en el uso de las TIC por niños y adolescentes y e-confianza de sus padres", elaborado por el Observatorio de la Seguridad de la Información de INTECO.

Los objetivos del proyecto SECUKID es contribuir a la concienciación de los más jóvenes sobre la necesidad de hacer un uso seguro de las nuevas tecnologías. Este objetivo genérico se concreta en la ejecución del proyecto en tres objetivos específicos de carácter didáctico, lúdico y promocional, respectivamente.

El juego comprende cinco fases o niveles a los que se accede tras haber superado la anterior. Dichas fases son las siguientes:

- **Fase 1:** virus.
- **Fase 2:** troyanos y gusanos.
- **Fase 3:** programas espía.
- **Fase 4:** ciberbullying (acoso entre iguales).
- **Fase 5:** grooming (acoso ejercido por un adulto con una finalidad sexual explícita o implícita).

Al inicio de cada fase se presenta al jugador un breve texto y una imagen que ofrecen una visión de la situación analizada en cada caso. El texto es breve, para no romper la dinámica lúdica, pero analiza de forma descriptiva el riesgo en cuestión. Esta información aparece siempre antes del inicio de cada una de las fases, y termina con una pregunta que los niños deben responder para pasar de pantalla.

Juego de Trivia: Navegación segura

Dirección web: http://www.navegacionsegura.es/

El instituto nacional de Tecnologías de la Comunicación (INTECO) y la iniciativa Pantallas Amigas se unieron para diseñar y difundir la web www.navegacionsegura.es, donde niños/as y adolescentes pueden jugar a triviRal. Se trata de un juego de preguntas y respuestas sobre riesgos existentes en Internet. TriviRal aborda los siguientes temas: código malicioso, el ciberbullying, grooming, el abordaje ante diferentes situaciones que puedan surgir a partir de las interacciones en la web. También sugiere la conformación de hábitos y practicas saludables y seguras sobre el uso seguro y responsable de internet.

Para reflexionar...

- Tomar conciencia sobre la huella digital.
- Estar conectados debe ser una decisión, no una adicción.
- Debemos servirnos de las TIC sin caer en la tecnofilia ni la tecnofobia.
- Como en toda situación educativa, lo peor es el silencio, hablemos con nuestros hijos ahora que estamos a tiempo.
- Toda crisis es también una oportunidad (por ejemplo, para relegitimar la dinámica familiar-escolar a partir de la excusa de las TIC).

La construcción sistemática de la ciudadanía digital en este siglo XXI, así como el trabajo con el uso seguro y responsable con las nuevas tecnologías y las aplicaciones en la Web, deberán ser considerados parte de los ejes fundamentales y centrales de la sociedad del siglo XXI. Incorporar y considerar la privacidad de la información, los nuevos virus que atacan los distintos dispositivos, juegos y propuestas lúdicas, y donde incorporemos también el análisis de distintos tópicos, como por ejemplo la interacción a través del e-commerce o el voto electrónico, que ya son elementos cotidianos de nuestra vida; por ello los estudiantes deben prepararse, incorporando las capacidades necesarias para abordar esas situaciones.

CAPÍTULO 9
Actividades sugeridas

Actividad 1

El uso responsable y seguro de internet: abordajes posibles

a. Desarrollar espacios de reflexión y debate, que podrían ser en formato taller, abordando de manera integral dicha temática, o profundizando algunos subtemas, como por ejemplo:

1 La huella digital

2. La influencia de las redes sociales digitales

De estos talleres se les podría pedir a los estudiantes que realicen posters digitales (por ejemplo utilizando la aplicación glogster), murales digitales (padlet) o videos.

b. Organizar concursos donde los estudiantes diseñen de manera creativa y generen micro-videos.

c. Ídem lo anterior, pero con talleres para las familias.

Es recomendable además un abordaje interdisciplinario e integrar a la propuesta de ESI (Educación Sexual integral).

Es muy recomendable que el abordaje en las instituciones fuera global e interdisciplinario, incorporando al EOE (Equipo de orientación escolar), los equipos directivos, maestros y profesores. Además, es importante registrar y contemplar los protocolos existentes en las diversas jurisdicciones y países, que den al abordaje de estos tópicos un marco legal. Tampoco deberemos subestimar el rol que debe empezar a ocupar la seguridad informática en las instituciones educativas de los diversos niveles.

Actividad 2

Diseño de presentaciones con diapositivas sobre Internet

Los estudiantes deberán conformar diversos equipos y preparar diversas presentaciones con diapositivas sobre la historia de Internet y las características de Internet. Cuando las mismas estén finalizadas se podrán compartir en la web, por ejemplo, en la aplicación slideshare (www.slideshare.net).

Actividad 3

Armando videos sobre la tecnología disrputiva cloud computing

Los estudiantes tendrán que investigar en equipos sobre la cloud computing. Deberán buscar los orígenes del concepto, sus características y las diversas propuestas relacionadas a este paradigma. Con todo ello deberán preparar un video de no más de 1 minuto de duración, que luego deberán compartir en alguna red social digital.

Actividad 4

Realización de Webquests con las diferentes materias.

Las diferentes materias podrían realizar una serie de Webquest, que estimulen y permitan generar hábitos de uso responsable y sistemático en Internet. Cada webquest es importante pues contiene un contenido y un sentido específico y único que solo se logra con la planificación de esta, pautando claramente que es lo que se desea obtener. Las mismas podrían luego publicarse en algún sitio de intercambio de docentes y compartirse con otros colegas y estudiantes.

GLOSARIO DE CONCEPTOS

A

Aprendizaje 2.0: se focaliza en dos principios primarios: Los contenidos deben ser generados por los usuarios y que dicha producción además debe ser colectiva. Por ello se habla de una arquitectura de la participación.

B

Blogosfera: Podemos considerar Blogosfera como un sistema virtual, en el que se establecen comunidades de usuarios que participan en los blogs, categorizados temáticamente por intereses comunes. La interconexión de estos es un fenómeno social, ya que podemos determinar algunas tendencias, gustos, popularidad de sitios, música, películas y libros que se consumen.

Blogs: son herramientas de edición personal con las que cualquier persona o grupo puede editar contenido propio en la Web y recibir algún tipo de reacción y comentario por parte de otros usuarios.

Buscadores: Un motor de búsqueda es un sistema informático que busca archivos e información almacenados en servidores Web.

C

Cloud Computing (Software como servicio en la Red): Es un paradigma en el que la información se almacena de manera permanente en servidores de Internet. Se puede tener acceso a su información o servicio mediante una conexión a Internet desde cualquier dispositivo móvil o fijo ubicado en cualquier lugar. Sirven a sus usuarios desde varios proveedores de alojamiento repartidos frecuentemente por todo el mundo. Esta medida reduce los costos y garantiza un mejor tiempo de actividad. *Cloud computing* es un nuevo modelo de prestación de servicios de negocio y tecnología, que permite incluso al usuario acceder a un catálogo de servicios estandarizados y responder con ellos a las necesidades de su negocio, de forma flexible y adaptativa, en caso de demandas no previsibles o de picos de trabajo, pagando únicamente por el consumo efectuado, o incluso gratuitamente en caso de proveedores que se financian mediante publicidad.

D

Dato: el dato es un elemento aislado, recabado para un cierto fin u objetivo, pero que no ha pasado por un proceso que lo interrelacione con otros de manera funcional para el fin previsto. Es una representación simbólica (numérica, alfabética, algorítmica, espacial, etc.) de un atributo o variable cuantitativa o cualitativa.

Firmware: es el software específico que viene configurado que controla los circuitos electrónicos de un dispositivo.

Geolocalización: nos sirve para conocer la ubicación geográfica de un objeto, dispositivo o persona de forma automática, en un sistema de coordenadas determinado de nuestro planeta tierra. En la actualidad el dispositivo que utilizamos cotidianamente para conocer nuestra ubicación es el GPS.

Hardware: incluye las computadoras o cualquier otro tipo de dispositivo electrónico inteligente, que consisten en monitores, memoria, sistemas de almacenamiento externo.

Hipermedia: es una forma especial de multimedia interactiva que emplea estructuras de navegación e interacción más complejas, con links a diferentes opciones, que aumentan el control del usuario sobre el contenido multimedia construido. El término "hiper" se refiere a "navegación", de allí los conceptos de "hipertexto" (navegación entre textos) e "hipermedia" (exploración entre medios).

Hoja de cálculo: es un programa que permite manipular datos numéricos y alfanuméricos dispuestos en tablas. Permite realizar cálculos complejos con fórmulas y funciones y dibujar distintos tipos de gráficas.

I

Información: conjunto de datos, añadidos, procesados y relacionados, de manera que pueden orientar a la correcta toma de decisiones según un objetivo previsto. Los procesadores de textos nos brindan una amplia gama de funcionalidades, ya sea tipográficas, idiomáticas u organizativas, con algunas variantes según el programa que se disponga. Como regla general, todos pueden trabajar con distintos tipos y tamaños de letra, formatos de párrafo y efectos artísticos y estéticos, además de brindar la posibilidad de intercalar o superponer imágenes u otros objetos gráficos dentro del texto, trabajar con tablas, gráficos, etc.

Multimedia: este término se utiliza para referirse a cualquier objeto o sistema que utiliza múltiples medios de expresión para presentar o comunicar algún tipo de información. Podemos combinar sonidos, texto, imágenes, animaciones. La multimedia es interactiva cuando la persona que la utiliza tiene libre elección sobre los contenidos que desea ver; y es lineal cuando el contenido se tiene que ver en un orden preestablecido y secuencial.

Nomofobia: Es el miedo a no estar conectado, quedarse sin batería o en una zona sin internet.

Objetos inteligentes: son los dispositivos conectados de uso personal, como celulares, gafas de realidad aumentada y prendas tecnológicas, más conocidas como "wearables". Todos ellos tienen en común que el usuario los lleva encima, y les ofrecen información en tiempo real en función de su actividad. Dichos objetos brindan información de todo lo que hacemos, procesos que son automatizados y totalmente transparentes.

Presentador con diapositivas: es un programa de presentación que permite colocar texto, gráficos, películas y otros objetos en páginas individuales o "diapositivas", o sea actúan como constructores de información en modo visual. Las diapositivas se pueden imprimir en transparencias y ser mostradas mediante un proyector o "cañón de diapositivas", o ser visualizadas directamente en la pantalla del ordenador (o en una pantalla normal usando un proyector de video) bajo el control de la persona que da la presentación. La transición de una diapositiva a otra puede ser animada de varias formas, y también se pueden animar la aparición de los elementos individuales en cada diapositiva.

Procesador de texto: es una aplicación informática destinada a la creación o modificación de documentos escritos por medio de una computadora.

Phubbing: Utilización de un dispositivo móvil (especialmente teléfonos móviles) mientras distintas personas están reunidas físicamente cara a cara.

S

Señal analógica: es un voltaje o corriente que varía suave y continuamente. Los voltajes de la voz y del video son señales analógicas que varían de acuerdo con el sonido o variaciones de la luz que corresponden a la información que se está transmitiendo.

Señal digital: no varían en forma continua, sino que cambian en pasos o en incrementos discretos. La mayoría de las señales digitales utilizan códigos binarios o de dos estados: 0 y 1.

Sistema informático: nos permite almacenar y procesar la información, y está integrado armónicamente por un conjunto de partes interrelacionadas: el hardware y el software.

Software: incluye el sistema operativo, firmware y la totalidad de aplicaciones, y son especialmente importantes los sistemas de gestión de bases de datos.

T

Técnica: proviene del griego *téchne*, que se ha traducido como "arte" o "ciencia". Una técnica es un conjunto de reglas, normas o protocolos que se utiliza como medio para llegar a un cierto objetivo planteado.

Tecnología: conjunto de conocimientos técnicos que permiten diseñar y crear bienes y servicios que facilitan la adaptación al medio ambiente y satisfacer tanto las necesidades esenciales como los deseos de las personas. En síntesis, tecnología es el "saber hacer", o la aplicación de la técnica en el conocimiento científico.

W

Web 2.0.: En la actualidad vivimos en la Sociedad del conocimiento, en donde las llamadas redes sociales como Twitter o Facebook nos han puesto en otro estadio, en donde lo central es "estar conectados", y en donde los intercambios de contenidos a través de la Web han aumentado considerablemente. El término Web 2.0 nació a mediados del año 2004 y se desarrolló como fenómeno tecno-social que se popularizó a partir de sus aplicaciones más representativas: Wikipedia, YouTube, Flickr, twitter, facebook, etcétera.

Wikis: Es una página Web construida de manera que permite que cualquiera que acceda a ella pueda aportar nuevos contenidos o modificar alguno de los ya existentes. O sea, es una herramienta de colaboración que configura sitios Web fáciles de modificar, donde los lectores aportan y adaptan los contenidos. Con dichos sitios se puede estimular la escritura colaborativa en la escuela, ya que se tiene la posibilidad de añadir, eliminar y modificar información sin ningún tipo de conocimiento en programación.

BIBLIOGRAFÍA

Cobo, Cristóbal. (2019). *Acepto las Condiciones: Usos y abusos de las tecnologías digitales.* Santillana, Madrid.

Cobo Romaní, Cristóbal; Moravec, John W. (2011). Aprendizaje Invisible. Hacia una nueva ecología de la educación. Col. Transmedia XXI. Laboratori de Mitjans Interactius / Publicacions i Edicions de la Universitat de Barcelona. Barcelona.

Cobo Romaní, Cristobal; Pardo Kuklinski, Hugo (2007), *Planeta Web 2.0. Inteligencia colectiva o medios fast food.* Grup de Recerca d'Interaccions Digitals, Universitat de Vic., Flacso México, Barcelona/México D.F.

Da Rosa, Fernando y Heinz, Federico (2007). *Guía práctica sobre software libre, su selección y aplicación local en América Latina y el Caribe.* UNESCO, Montevideo.

Grupo de Informática de la Sociedad Argentina de Pediatría. "LOS PEDIATRAS, LOS PADRES, LOS NIÑOS E INTERNET. Sitio web: http://www.sap.org.ar/docs/ninos_internet.pdf

Jenkins, Henry (2008). "Introducción", en *Convergence Culture: La cultura de la convergencia de los medios de comunicación,* Barcelona, Paidós.

Litwin, Edith (1995). *Tecnología Educativa: historia, políticas y propuestas* (comp.). Buenos Aires, Paidós. Además, autora en el mismo texto de "Los cambios educativos: calidad e innovación en el marco de la tecnología educativa". "Cuestiones y tendencias de la investigación en tecnología educativa" y "Los medios en la escuela". En edición portuguesa: Tecnología Educacional. (1997) Porto Alegre, Artes Médicas.

Litwin, Edith (2000) (comp.). "Educación a distancia. Temas para el debate en una nueva agenda educativa". Buenos Aires, Amorrortu. Compiladora de la publicación y autora de la presentación, introducción y del capítulo: "De las tradiciones a la virtualidad". En edición portuguesa: Educação a Distancia (2001) Porto Alegre, Artmed.

Mead, Margaret (1970). *Cultura y compromiso. Estudio sobre la ruptura generacional*. Barcelona, Gedisa.

Muir, Deborah (Coordinadora y autora) (2005) - ECPAT Internacional (End Child Prostitution, Child Pornography and Taffiking of Children for Sexual Purposes) "La Violencia contra los Niños en el Ciberespacio". Sitio web: http://www.ecpat.org/wp-content/uploads/legacy/Cyberspace_SPA.pdf

Neri, Carlos (2006). *"No todo es click": usabilidad, accesibilidad y experiencia del usuario en la Web*. Buenos Aires, Libros y Bytes.

Piscitelli, Alejandro (2009). *Nativos digitales: dieta cognitiva, inteligencia colectiva y arquitecturas de la participación*. Buenos Aires, Santillana.

Selfe, Cynthia L. y Hawisher, Gail E. (2007). *Gaming Lives in the Twenty-First Century: Literate Connections*. Londres, Palgrave Macmillan.

"Con vos en la Web". Sitio Web del Ministerio de Justicia y Derechos humanos: https://www.argentina.gob.ar/justicia/convosenlaweb

sb educación

Colección **Mediador**

CONVERTIR DESEOS EN PROYECTOS
100 ideas para educar desde los valores y en la diversidad
Norberto Siciliani [13,5 x 19,5 / 128 pp.]

EDUCAR EN LAS EMOCIONES
Nuevas estrategias para el desarrollo de las inteligencias múltiples
Celso Antunes [13,5 x 19,5 / 128 pp.]

EL GRAN JUEGO
Métodos y estrategias para estudiar
Celso Antunes [13,5 x 19,5 / 128 pp.]

TIC: CÓMO DISEÑAR UN AMBIENTE EDUCATIVO Y TECNOLÓGICO
Mariano Ávalos [13,5 x 19,5 / 144 pp.]

DIDÁCTICA DE LA EDUCACIÓN SEXUAL
Un enfoque de la sexualidad y el amor
Orlando R. Martín - Encarnación M. Madrid [13,5 x 19,5 / 304 pp.]

EL GRAN JUEGO
Métodos y estrategias para estudiar
Celso Antunes [13,5 x 19,5 / 128 pp.]

LA CONSTRUCCIÓN DE LOS LÍMITES EN NIÑOS PEQUEÑOS
Una perspectiva desde el psicoanálisis y los derechos del niño/a para educadores
Elizabeth Ormat - [13,5 x 19,5 / 136 pp.]

CÓMO INTEGRAR LAS TIC EN LA ESCUELA SECUNDARIA
Ignacio Iturralde, Marisa Conde, Carlos Rodríguez, Mariano Avalos

[13,5 x 19,5 / 144 pp.]

Colección **Educación y tecnología**

LA NARRATIVA TRANSMEDIA

Propuestas interactivas para trabajar en el aula

Cecilia Frontera

[13,5 x 19,5 / 60 pp.]

VIDEOJUEGOS EN EL AULA. ¿ALIADOS O ENEMIGOS?

Estrategias didácticas parasu inclusión en las Instituciones educativas

Marisa Elena Conde

[13,5 x 19,5 / 60 pp.]

EL USO RESPONSABLE Y SEGURO DE INTERNET

Hacia la conformación de la ciudadanía digital

Domingo Borba y Mariano Ávalos

[13,5 x 19,5 / 88 pp.]

FLIPPED CLASROOM EN LAS INSTITUCIONES EDUCATIVAS

Conceptos y actividades

Domingo Borba y Mariano Ávalos

[13,5 x 19,5 / 96 pp.]

LA CIUDADANÍA DIGITAL EN AMBIENTES EDUCATIVOS CONTEMPORÁNEOS

Conceptos y actividades

Mariano Ávalos - Domingo Borba - Marisa Conde - Andrea Rocca

[13,5 x 19,5 / 96 pp.]

Colección **Inteligencias múltiples y sus juegos**

[Celso Antunes / 11 x 17 cm]

La **Colección Inteligencias múltiples y sus juegos** constituye una obra pionera. Por primera vez cada una de las inteligencias humanas es abordada a través de juegos y estrategias específicas, ideal para que padres y docentes la apliquen en casa o en el colegio, en todos los niveles de enseñanza y en cada una de las disciplinas que componen el currículo escolar.

00 **Introducción a las inteligencias múltiples**

01 **Juegos con la inteligencia cinestésico-corporal**

02 **Juegos con la inteligencia ecológica**

03 **Juegos con la inteligencia espacial**

04 **Juegos con la inteligencia lingüística**

05 **Juegos con la inteligencia lógico-matemática**

06 **Juegos con las inteligencias personales y existencial**

07 **Juegos con la inteligencia sonora**

Colección **Didácticas y pedagógicas**

PENSAR COMO MATEMÁTICOS DESDE EL NIVEL INICIAL

El aula como un espacio-laboratorio de investigación y acción

Omar Gabriel Berlanda

[12 x 18 / 64 pp.]

LA RESOLUCIÓN DE PROBLEMAS EN CIENCIAS NATURALES

Un modelo de enseñanza alternativo y superador

Susana María Gonçalves - Marcela Silvia Mosquera Andrea Flavia Segura

[12 x 18 / 64 pp.]

EL TEXTO COMO PRE-TEXTO

Propuestas de escritura para el aula

Elena Luchetti

[12 x 18 / 64 pp.]

CINE Y LITERATURA EN EL AULA

Temas y ejemplos prácticos

Andrés Lujilde

[12 x 18 / 64 pp.]

LOS HÉROES DE LA PATRIA EN EL AULA

Un enfoque renovado para las escuelas del siglo XXI

Gabriel Caldarola

[12 x 18 / 80 pp.]

SABER Y SABER HACER EN CIENCIAS SOCIALES

El método científico como recurso didáctico

Marcela Silvia Cuda

[12 x 18 / 64 pp.]

Otros títulos en eduación

ALFABETIZACIÓN Y COMPETENCIAS TRANSMEDIA

Propuestas didácticas para el Nivel Secundario y Superior

Marina Falasca - Cecilia Frontera - María Gabriela Galli -
Marisa Elena Conde - Mariana Ferrarelli - Monserrat Pose - Carla Montoya

[15,5 x 22,5 / 120 pp.]

ENSEÑANZA PARA LA ACCIÓN

Guía comprensiva para la búsqueda de la autonomía en educación

Juan Antonio Moreno Murcia - María Ruiz Quiles - Juan Luis Núñez Alonso

[15,5 x 22,5 / 140 pp.]

EDUCACIÓN INCLUSIVA

Desde la discapacidad

Gabriela Giurlani

[15,5 x 22,5 / 97 pp.]

EDUCACIÓN SEXUAL INTEGRAL EN UNA SOCIEDAD HIPERCONECTADA

Estrategias didácticas para el trabajo con cine y series en el nivel medio

Elizabeth Beatriz Ormart y Omar Esteban Fernández (Compiladores)

[15,5 x 22,5 / 188 pp.]

PSICOLOGÍA POSITIVA

Estudios sobre la felicidad, el bienestar y las fortalezas humanas en los agentes educativos

Arturo Barraza Macías (coordinador)

[15,5 x 22,5 / 120 pp.]

¿CÓMO ENSEÑAR VALORES SIN ENSEÑARLOS?

La autoridad de la confianza

Norberto Siciliani

[15,5 x 22,5 / 160 pp.]

www.ingramcontent.com/pod-product-compliance
Lightning Source LLC
LaVergne TN
LVHW091123150826
845673LV00002B/956

* 9 7 8 9 8 7 8 9 1 8 7 5 4 *